Shapes 1 - 20 Counting Book

Angelica Brave

This little book is designed so you can enjoy counting and learning about numbers with your young children.

How To Enjoy This Book With Your Young People

1 one

You can say this number out loud

It's great for children to see how the number is written in letters too

Counting from 1 - 20 is repeated on each page. The number is highlighted in red to show where the number fits in the sequence

For visual learners, you can count the shapes. Why not also chat about the type of shape and colour?

1, 2, 3, 4, 5, 6, 7, 8, 9, 10, 11, 12, 13, 14, 15, 16, 17, 18, 19, 20

Most important of all HAVE FUN together!

*

The stars are a visual tool to help with counting shapes

1   one

1, 2, 3, 4, 5, 6, 7, 8, 9, 10, 11, 12, 13, 14, 15, 16, 17, 18, 19, 20

*

2 two

1, 2, 3, 4, 5, 6, 7, 8, 9, 10, 11, 12, 13, 14, 15, 16, 17, 18, 19, 20

* *

3　　three

1, 2, 3, 4, 5, 6, 7, 8, 9, 10, 11, 12, 13, 14, 15, 16, 17, 18, 19, 20

* * *

4 four

1, 2, 3, 4, 5, 6, 7, 8, 9, 10, 11, 12, 13, 14, 15, 16, 17, 18, 19, 20

* * * *

5 five

1, 2, 3, 4, 5, 6, 7, 8, 9, 10, 11, 12, 13, 14, 15, 16, 17, 18, 19, 20

* * * * *

6 six

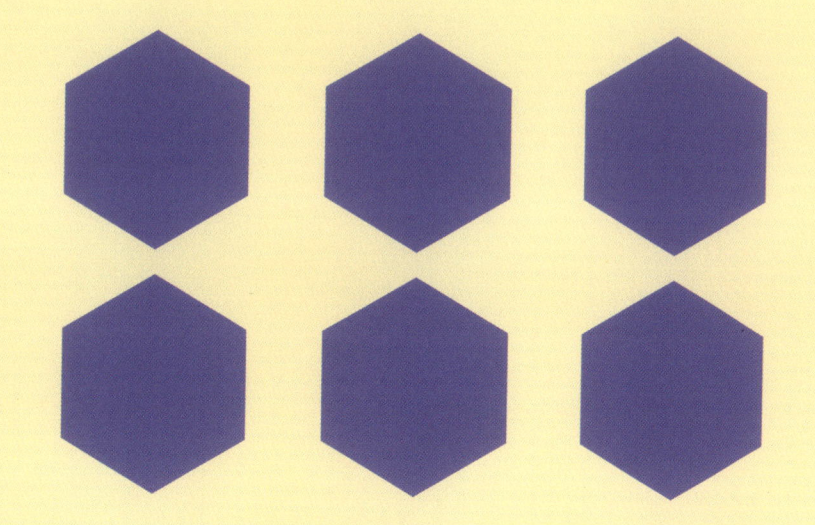

1, 2, 3, 4, 5, 6, 7, 8, 9, 10, 11, 12, 13, 14, 15, 16, 17, 18, 19, 20

* * * * * *

7 seven

1, 2, 3, 4, 5, 6, 7, 8, 9, 10, 11, 12, 13, 14, 15, 16, 17, 18, 19, 20

****

8 eight

1, 2, 3, 4, 5, 6, 7, 8, 9, 10, 11, 12, 13, 14, 15, 16, 17, 18, 19, 20

* * * * * * * *

9 nine

1, 2, 3, 4, 5, 6, 7, 8, 9, 10, 11, 12, 13, 14, 15, 16, 17, 18, 19, 20

* * * * * * * * *

10　　　　　　　ten

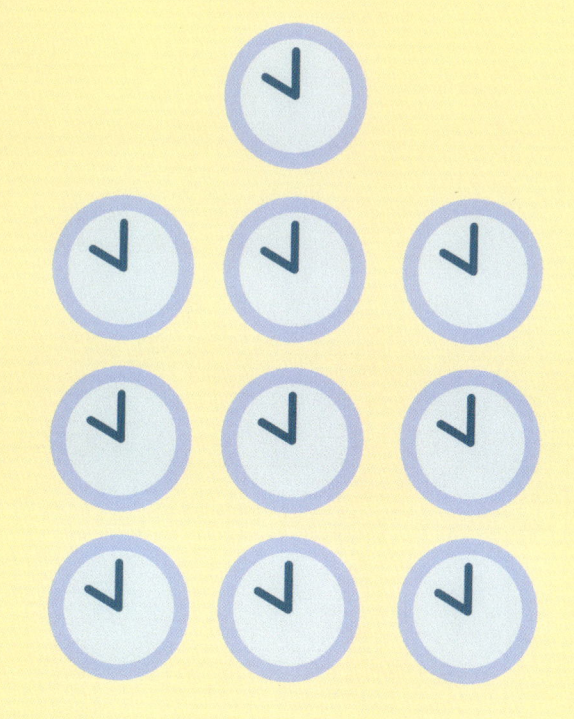

1, 2, 3, 4, 5, 6, 7, 8, 9, 10, 11, 12, 13, 14, 15, 16, 17, 18, 19, 20

* * * * * * * * * *

11 eleven

1, 2, 3, 4, 5, 6, 7, 8, 9, 10, 11, 12, 13, 14, 15, 16, 17, 18, 19, 20

*

* * * * * * * * * * *

12 twelve

× × ×
× × ×
× × ×
× × ×

1, 2, 3, 4, 5, 6, 7, 8, 9, 10, 11, 12, 13, 14, 15, 16, 17, 18, 19, 20

* *

* * * * * * * * * *

13 thirteen

1, 2, 3, 4, 5, 6, 7, 8, 9, 10, 11, 12, 13, 14, 15, 16, 17, 18, 19, 20

* * *

* * * * * * * * * *

14 fourteen

1, 2, 3, 4, 5, 6, 7, 8, 9, 10, 11, 12, 13, 14, 15, 16, 17, 18, 19, 20

* * * *

* * * * * * * * * *

15 fifteen

1, 2, 3, 4, 5, 6, 7, 8, 9, 10, 11, 12, 13, 14, 15, 16, 17, 18, 19, 20

* * * * *

* * * * * * * * * *

16　sixteen

1, 2, 3, 4, 5, 6, 7, 8, 9, 10, 11, 12, 13, 14, 15, 16, 17, 18, 19, 20

* * * * * *

* * * * * * * * * *

17 seventeen

✓✓✓
✓✓✓✓
✓✓✓✓✓
✓✓✓✓
✓✓✓

1, 2, 3, 4, 5, 6, 7, 8, 9, 10, 11, 12, 13, 14, 15, 16, 17, 18, 19, 20

* * * * * * * *

* * * * * * * * * *

18 eighteen

1, 2, 3, 4, 5, 6, 7, 8, 9, 10, 11, 12, 13, 14, 15, 16, 17, 18, 19, 20

****

****

19 nineteen

1, 2, 3, 4, 5, 6, 7, 8, 9, 10, 11, 12, 13, 14, 15, 16, 17, 18, 19, 20

* * * * * * * * *

* * * * * * * * * *

20   twenty

1, 2, 3, 4, 5, 6, 7, 8, 9, 10, 11, 12, 13, 14, 15, 16, 17, 18, 19, 20

* * * * * * * * * *

* * * * * * * * * *

If you had fun with this book you might also like Children's Animal A - Z Action Book.

I earn my living with my books, so it'd be amazing if you could also leave a review on Amazon.
They really do make a difference!

♥

I am busy writing some more books.
If you'd like to be updated when they are launched please sign up on my website:
www.christieadamswriter.com

Thank you to the artists of Pixabay and Fiverr, your images are amazing.

For my gorgeous family and grandbabies.
You inspire me

Printed in Great Britain
by Amazon